AF279400

Para Gonzalo, para que sigas siendo todo corazón aventurero y nunca dejes de perseguir tus sueños.

Te quiero infinito.

2 + 3 = 5
3 + 4 =

CUESTIÓN DE UN ABRAZO

Matías era el maestro de Gonza, Trichi, Leo, Juan, María, Carla... Era un tipo muy malhumorado. El maestro Matías estaba siempre enfadado. Gritaba a los niños todo el rato y les regañaba por todo.

Pero cuando se enfadaba más de lo normal, sus cejas se le juntaban mucho y su bigote se le erizaba. ¡Daba un miedo terrible!

-¿Qué le pasará al maestro Matías? -se preguntaban los niños en el recreo.

—Seguro que se le ha estropeado el coche —dijo Carla.

—Seguro que se le ha secado la maceta de margaritas de su jardín —dijo Leo.

—No es nada de eso. ¡Tengo la solución! —gritó Gonza a sus amigos.

Cuando terminaron las clases, todos salieron corriendo como siempre, temiendo que el maestro Matías les regañase.

Pero Gonza se quedó ahí parado, quieto, inmóvil frente al maestro.

El maestro Matías miró a Gonza extrañado y se le empezaron a juntar las cejas y a erizarse los pelillos del bigote y, cuando iba a gritar al niño, este se abalanzó sobre el maestro y le dio el abrazo más grande del mundo mundial.

Al maestro Matías se le separaron las cejas, su bigote volvió a ser un bigote normal y se le escapó una pequeña sonrisilla.

–Yo tenía la solución –dijo Gonza muy contento a sus amigos–, era solo cuestión de un abrazo.

A JUAN LE GUSTA EL COLOR ROSA

A Juan le gusta jugar con muñecas, le gustan las flores y le encanta el color rosa.

En el cole Juan juega solo, los demás niños prefieren jugar a los brutos o echar partidos de fútbol.

Una mañana, en el recreo, Gonza y Trichi se acercan a jugar con Juan, que estaba solo en un banco del patio.

-¿Qué te pasa, Juan? -le preguntó Gonza.

-Es que los niños de la clase no me entienden y no quieren jugar conmigo, dicen que me gustan los juegos de niñas -respondió el niño en tono triste.

—Pero eso es una tontería —dijo Trichi enfadada—, no hay juegos de niños o de niñas, solo hay juegos de personas, como jugar a la pelota, saltar a la cuerda, hacer puzzles, jugar al parchís, volar una cometa, jugar a los coches o a las cocinitas, subirse a los árboles o vestir a las muñecas.

-Pero ¿todo eso vale? -preguntó Juan asombrado.

-¡Claro que sí! Vale todo lo que te gusta y nadie tiene que decirte lo que debes hacer o a lo que debes jugar -contestó la niña con una enorme sonrisa en su cara.

-¿Jugamos a la pelota? -dijo Gonza dando un salto con el balón en la mano.

Juan salió corriendo detrás de la pelota, muy contento, con su camiseta rosa.

CABEZAS RESPLANDECIENTES

Hoy a Trichi le pica la cabeza.
Hoy a Gonza le pica la cabeza.
Hoy a Leo le pica la cabeza.
Hoy a Carla le pica la cabeza.
–¡Estos niños tienen piojos! –gritó la
señorita Marcelina al maestro Matías.

Cuando Gonza llegó a su casa, su mamá lo estaba esperando con un bote de champú especial para piojos en una mano y un peine muy raro en la otra.

La madre de Gonza se esforzó mucho en eliminar todo resto "piojil" de la cabeza del niño, tanto se esforzó y tanto limpió que la cabeza de Gonza relucía y brillaba tanto que molestaba a la vista.

2 × 1 = 2
2 × 2 = 4
2 × 3 = 6

Al día siguiente, todos los niños fueron al colegio con sus cabezas resplandecientes.

-¡Esto es un horror! -gritó la señorita Marcelina-. ¡No se puede ver nada!

Tanto resplandecían las cabezas de los niños que la señorita Marcelina necesitó gafas de sol para poder dar la clase de matemáticas esa mañana.

CACAS

Gonza y Trichi paseaban por la acera de su calle camino al parque, como todas las tardes de domingo. Pero ese día fue algo complicado andar por allí. ¡La acera estaba llena de cacas de perro!

Había cacas grandes, cacas medianas, cacas pequeñas.

-¡Pero qué asco, Gonza! -dijo Trichi a su amigo mientras se tapaba la cara con las dos manos-. ¿Pero por qué hay tantas cacas?

-Es que los dueños de los perros no recogen los excrementos después de dar el paseo a sus animales -contestó Gonza.

-¡Pues no lo vamos a permitir! -gritó de nuevo Trichi-. Hay que tener las aceras limpias, las calles limpias y todos los demás sitios de la ciudad limpios.

Trichi y Gonza se pusieron manos a la obra.

Escribieron, dibujaron y recortaron cartelitos, y después los pegaron a palillos pequeños.

Después, se fueron a la calle y colocaron esos banderines en todas las cacas que había en la acera.

Al ver tantos carteles, la gente que paseaba a sus perros se sorprendió y se dio cuenta de lo sucia que había dejado la calle.

Los perritos sonreían a Gonza y Trichi cuando pasaban a su lado, mientras sus dueños agachaban la cabeza algo avergonzados.

Al día siguiente, la calle estaba completamente limpia, ¡no había cacas a la vista! Y Gonza y Trichi pudieron pasear sin ninguna dificultad por la acera de su calle.

EL SECRETO DE CAYETANO

Cayetano era un niño que había llegado hacía poco al colegio y era muy especial.

Cayetano era muy callado y casi siempre estaba pensando en sus cosas, supongo que eran cosas importantes por lo concentrado que estaba todo el rato. Cuando en clase contaban historias divertidas, Cayetano nunca se reía y mira que a todos nos dolía hasta la barriga de tanto reír, pero él, nada, estaba siempre serio.

A la hora del recreo, Cayetano se sentaba siempre en la misma esquinita del patio y se ponía a mirar fijamente con cara muy seria.

-¿Qué mirará Cayetano? -se preguntaban los niños en el recreo.

-Seguro que es algo muy interesante porque no quita la mirada para nada. ¡Estará mirando el cielo! -dijo Trichi.

-¡Estará mirando los pájaros! -dijo María.

-¡Estará mirando si hay alguna nave espacial! -dijo Daniel.

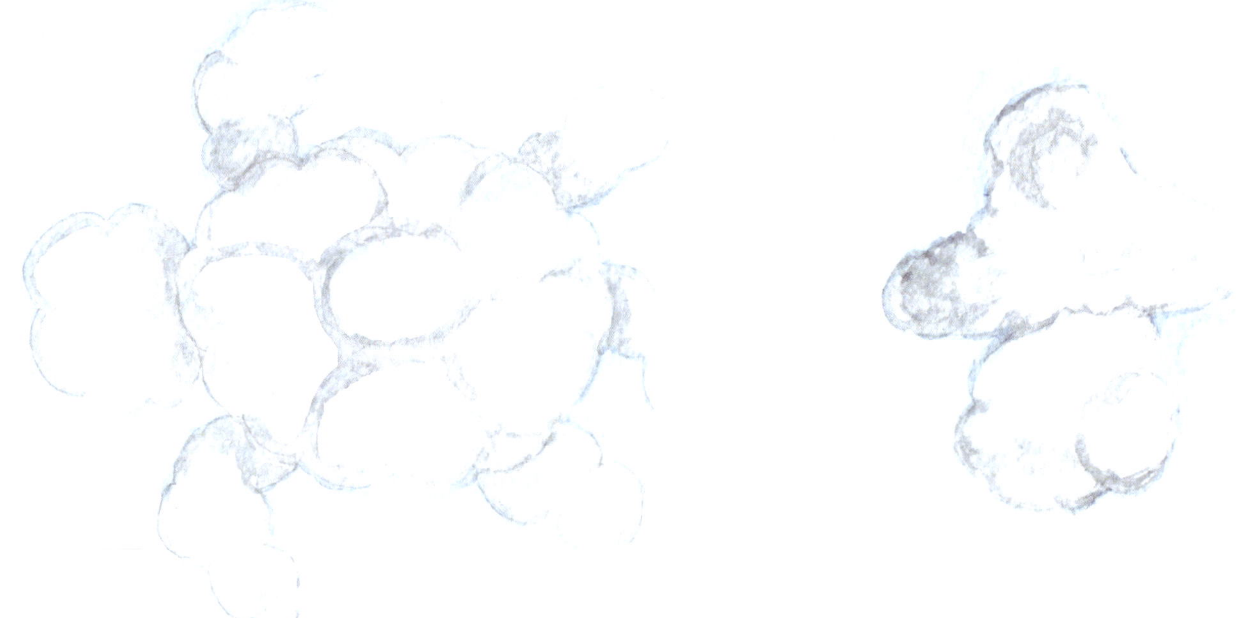

-¡Estará mirando al sol! -dijo Carla-, pero sin gafas de sol no aguantaría ni un segundo.

-Pues es algo que tenemos que descubrir, ¡menudo secreto! -dijo Gonza, intrigadísimo.

Al día siguiente, cuando salieron al patio, Gonza se acercó a Cayetano y se sentó a su lado en la esquina.

-¿Qué miras tan fijamente, Cayetano? -preguntó, tímidamente, Gonza-. ¿Miras el cielo? ¿Miras al sol? ¿Miras a los pájaros? ¿Qué miras? -preguntó, aturulladamente el niño.

Pasó un rato hasta que Cayetano empezó a hablar, sin dejar de mirar al cielo.

-Pues pienso en mis cosas, miro cómo juegan los niños y también, a veces, miro las nubes, cómo se mueven o cómo se parecen a cosas. Mira aquella tan grande -dijo Cayetano a Gonza, señalando a una nube grandota que se movía pausadamente, por el azul cielo-, se parece a una tortuga.

Gonza miró al cielo y se quedó boquiabierto.

-Pues ¡es verdad!, es una tortuga gordota y mira qué lenta se mueve.

Gonza llamó a los demás niños que estaban esperando a la sombra de un gran árbol y les dijo que se sentaran en el suelo, en la esquinita del patio, y, muy bajito, les dijo que escucharan a Cayetano. El niño, sin apartar la mirada del cielo, señaló de nuevo una nube y dijo con voz calmada:

—Mirad, ahí hay una seta y por allí viene el maestro Matías...

Los niños miraron al cielo y se quedaron mudos, ¡era verdad! Una nube enorme tenía la cabeza del maestro Matías. Pero ¡qué chulada! Todos empezaron a reírse y comprendieron que Cayetano no era un niño especial, era ¡un auténtico genio!

A partir de ese día, en el recreo, todos los niños se sientan junto a Cayetano, en su esquinita, a mirar cómo pasan las nubes.

UNA SONRISA LO CURA TODO

Rosa, la tía preferida de Gonza, se ha puesto malita. El domingo, Gonza visitó a la tía Rosa en su casa, junto a sus padres.

Pero la tía Rosa estaba algo diferente a otros días, tenía un pañuelo en la cabeza que le cubría todo.

-¿Es que tienes frío? -preguntó Gonza.

-Nooo -dijo asombrada la tía Rosa-. ¿Por qué me preguntas eso?

-Es por el pañuelo ese tan chulo que llevas en la cabeza -respondió Gonza algo avergonzado.

—No es que tenga frío —contestó la tía Rosa mientras acariciaba la cabeza de Gonza—, hace algún tiempo me puse algo enferma y la medicina que me han dado hace que mi cuerpo cambie.

A veces engordo; a veces adelgazo; unos días me duele la tripa y la cabeza, y otros días me siento muy cansada. ¡Además, me he puesto muy moderna y no tengo un solo pelo en la cabeza!, por eso llevo este pañuelo tan bonito.

   -¿Pero no tienes ni un solo pelo? -preguntó Gonza, abrien-
do los ojos todo lo que pudo.

   -¡Ni uno solo! -contestó la tía Rosa mientras se quitaba el
pañuelo y dejaba a la vista su brillante cabeza.

   -Pues es verdad, ¡ni uno solo! -dijo Gonza, asombrado-. Parece una bola de billar.

   Al día siguiente, Gonza le contó a Trichi lo que le había pa-
sado a la tía Rosa y quería saber qué podía hacer para que
ella se sintiera mejor.

   -Pues lo mejor que puedes hacer es sonreírle. Mi madre dice
que una sonrisa lo cura todo -dijo Trichi, muy segura a su
amigo.

Al siguiente domingo, Gonza volvió a visitar a la tía Rosa en su casa y nada más llegar le lanzó la sonrisa más enorme, más bonita y más de verdad que nunca jamás había puesto un niño.

-¿A que te encuentras mejor? -preguntó Gonza a su tía.

-Pues la verdad es que sí -le respondió la tía dándole un enorme y sonoro beso en la mejilla.

La semana siguiente, cuando Gonza volvió a visitar a la tía Rosa, esta ya no llevaba el pañuelo y su cabeza estaba llena de una pelusilla muy graciosa.

-¡Ha hecho efecto! -gritó, contento, Gonza-. ¡Es verdad que una sonrisa lo cura todo!

UN DÍA DE MERIENDA

Trichi y Gonza se iban a merendar al prado. Se pararon delante del semáforo y vieron a Leo y Daniel.

–Nos vamos de merienda, ¿queréis venir?

–¡Claro que sí! –exclamaron los niños.

No habían llegado muy lejos cuando se pararon frente a la pastelería donde estaban Carla y Paola.

–Nos vamos de merienda, ¿queréis venir?

–¡Por supuesto que sí! –dijeron las niñas a la vez.

No habían andado mucho cuando se pararon en la puerta de la biblioteca donde estaban Juan y María.

–Nos vamos de merienda al prado, ¿queréis venir?

–¡Claro que sí! –dijeron los dos amigos.

El grupo de niños siguió el camino de arena que lleva hasta el prado, cruzaron el puente de madera, pasaron delante de la casa abandonada y, cuando llegaron al prado..., se quedaron asombrados.

El prado estaba lleno de basura. Había bolsas, latas de refresco, envoltorios de comida, botellas vacías...

Los niños se pusieron muy tristes y decidieron recogerlo todo y dejar el prado limpio.

Cuando acabaron, se sentaron y merendaron bocadillos de salchichón y pastelillos de zanahoria.

Después, jugaron, rieron, bailaron y se subieron a la rama de un gran árbol. Finalmente regresaron a casa, cargados de bolsas llenas de basura y habiendo dejado el prado limpio.

UNA ABUELA MUY ESPECIAL

La abuela de Gonza es una abuela muy especial. Cuando Gonza era más pequeño, su abuela lo cuidaba mucho.

Antes, la abuela de Gonza se quedaba con él cuando sus padres trabajaban.

Antes, la abuela de Gonza le preparaba ricas natillas con galletas.

Antes, la abuela de Gonza lo llevaba al parque los días de fiesta.

Pero un día, la abuelita de Gonza se puso enferma y empezó a hacer cosas algo raras.

A la abuela de Gonza le encanta bailar en camisón en medio de la calle.

A la abuela de Gonza le encanta pintarse el pelo rosa y verde.

A la abuela de Gonza le encanta hacer pizzas con chocolate y salchichón.

A veces, cuando Gonza va a casa de su abuela de visita, esta no se acuerda bien de su nombre, pero siempre le sonríe y le da muchos besitos.

-No te enfades si la abuela no se acuerda de algunas cosas, Gonza -le dice su madre.

-No te preocupes, mamá, aunque la abuela ya no me lleve al parque o ya no me prepare las ricas natillas con galletas que tanto me gustan, sigue siendo una abuela muy marchosa y es que, sin duda, mi abuela es una abuela muy especial.

GONZA Y TRICHI

APULEYO EDICIONES   FOMENTO DE VALORES   CUENTOS ILUSTRADOS

ANTONIO MANUEL HERREROS VEGA

APULEYO EDICIONES · FOMENTO DE VALORES · CUENTOS ILUSTRADOS